SEMERKAND

Köln 2013

SEMERKΛND

AUS DER SERIE DER PFAD DER LIEBENDEN: 2

info@erolmedien.de

ISBN: 978-3-95707-003-6

Autor: Ahmed Çağıl & Mehmet Ildırar

Lektorat und Grafik: EROL Medien GmbH

Übersetzt aus dem Original
(Tasavvuf ve Tarikat Nedir?)
von Yusuf Kenan Yelesen

Erstauflage

Druck:

Pasifik Ofset
İstanbul 2013

Titelbild Fotolia.com: compass in the sand© OlegDoroshin

Erol Medien GmbH
Kölner Str. 256
51149 Köln

Tel: +49 (0) 2203/ 36 94 90
Fax: +49 (0) 2203/ 3 694 910

E-Mail: info@erolmedien.de
Web: www.erolmedien.de
www.semerkandonline.de

DER PFAD DER LIEBENDEN

TASAWWUF UND TARIQAH
Die Besonderheiten des Naqschebendi-Pfades

AHMED ÇAĞIL & MEHMET ILDIRAR

Inhaltsverzeichnis

Erläuterung der Segenswünsche

Es ist guter Brauch der Muslime, dem Gesandten Muhammed Mustafaﷺ, den Prophetenﷺ, den Gefährtenﷺ, der nachfolgenden Generationﷺ und den Ewliyaﷺ (Gottesfreunde) Hochachtung und Liebe entgegenzubringen, indem wir sie mit unseren Segenswünschen und Bittgebeten beschenken. Schon die Gefährtenﷺ pflegten den Brauch, den Propheten Muhammedﷺ mit Segenswünschen zu beschenken. Dieser Brauch wurde vom Erhabenen Allah im Edlen Quran folgendermaßen vorgegeben:

„Wahrlich sprechen Allah und Seine Engel Segenswünsche auf den Propheten (Muhammed). O ihr die ihr glaubt! So sprecht (auch) ihr auf ihn Segenswünsche und wünscht ihm Frieden!"

(El-Ehsab 33/56)

Auch die Segenswünsche auf die Gefährtenﷺ gehen auf einen Quranvers zurück:

„Die Vorangehenden, die ersten der Auswanderer und der Helfer und jene, die ihnen auf die beste Art gefolgt sind – mit ihnen ist Allah wohlzufrieden!"

(Et-Tewbe 9/100)

Die Bittgebete auf Muslime der nachfolgenden Generation, auf die großen Gelehrten und Ewliya gehören ebenfalls zu den Anstandsregeln der Ehlu Sunneh wel Dschema'ah.

Diese Segenswünsche und Bittgebete lauten folgendermaßen:

Nennt man den Namen des Gesandten Muhammed oder erwähnt man ihn, bevorzugt man den Ausspruch: „Salla Allahu aleyhi we sellem" („Allahs Segen und Friede sei auf ihm").

Nennt man den Namen eines oder mehrerer Propheten, bevorzugt man den Ausspruch: „Aleyhi/Aleyhima/Aleyhim Selam" (Friede sei mit ihm/den beiden/ihnen").

Nennt man den Namen eines oder mehrerer der Gefährten, spricht man: „Radiya Allahu anhu/anha/anhuma/anhum/anhunne" (Möge Allah mit ihm/ihr/den beiden/ihnen zufrieden sein").

Nennt man den Namen eines oder mehrerer Mitglieder der nachfolgenden Generation oder eines großen Gelehrten oder mehrerer großer Gelehrter, spricht man: „Rahimehu/Rahimeha/Rahimehuma/Rahimehum/Rahimehunne Allahu" („Allahs Barmherzigkeit mit ihm/ihr/den beiden/ihnen").

Nennt man den Namen eines Weli (Gottesfreund) oder mehrerer Ewliya, dann spricht man: „Qaddes Allahu Sirrahu/Sirraha/Sirrahuma/Sirrahum/Sirrahunne" („Möge Allah sein/ihr/beider/ihr Geheimnis heiligen").

Vorwort

Tasawwuf wird im Deutschen manchmal auch als Sufismus bezeichnet und ist derjenige Bereich des Islam, der sich mit der Hinwendung zu Allah dem Erhabenen (*Ihsan*) beschäftigt. Was nun *Ihsan* genau bedeutet, lassen wir uns am besten vom Gesandten Muhammedﷺ selbst erklären. Dieser wurde eines Tages vor seinen Gefährten vom Erzengel Gabrielعليه السلام über den Islam befragt. Dabei stellte dieser dem Gesandten Allahsﷺ unter anderem auch folgende Frage: „Was ist Ihsan?" Der Prophetﷺ antwortete ihm: „(...) auch wenn du Allah nicht siehst, so sieht Er dich doch."

Wir wollen durch dieses Werk den Menschen die wahre Bedeutung des *Tasawwuf* näher bringen und zeigen, was *Tasawwuf* wirklich ist. Wir hoffen, dass die Leser dadurch erkennen, wie wichtig es ist, sich einem *Murschidul Kamil* (vollendeten Wegweiser) anzuschließen. Denn dies bedeutet, dass sie, durch das Hinzukommen von *Ihsan* (gottgefälliges Handeln) zu den beiden Grundpfeiler der Religion, *Islam* (Glaubenspraxis) und *Iman* (Glaubenslehre), zu hingebungsvollen *Abids* (Gottesdienern) werden können.

Der Sufipfad wurde seit jeher auf dem Wege der *Suhbeh* (spirituellen Zusammenkünfte) weiterentwickelt und weiterverbreitet. Selbst der *Seyru Suluk* (spirituelle Entwicklung) der *Murschidul Kamil* (vollendeter Wegweiser) wurde durch andere Ewliya' zum Abschluss gebracht. Dadurch konnten sie ihrerseits neue *Suhbeh* (spirituelle Zusammenkünfte) bilden und so den *Tasawwuf* weiterverbreiten.

Dieses Büchlein stammt aus der Reihe „Der Pfad der Liebenden" des Şadırvan-Verlags. Es wurde auf der Basis von Auszügen aus den Vorträgen der hochgeschätzten Persönlichkeiten Mehmet Ildırar und Dr. Ahmet Çağıl erstellt. Diese verbrachten über 50 Jahre ihres Lebens auf dem Weg des *Tasawwuf* (Sufitum) und fanden darin ihre Erfüllung. Ihre Vorträge sind eine wahre Schatzkammer des spirituellen Wissens. Manche davon wurden aufgezeichnet und veröffentlicht und sind, besonders in der Türkei, äußerst populär. Da sie ihre Vorträge nicht in der nüchternen Sprache der Akademiker, sondern in der einfachen Sprache des Volkes hielten, sind sie für jedermann leicht verständlich und dazu geeignet, auch Neulingen auf dem Sufipfad den rechten Weg zu weisen.

Alle Kraft und aller Segen kommen von Allah dem Erhabenen.

WAS IST TASAWWUF?

Erläuterung des Begriffs Tasawwuf

Tasawwuf ist gleichbedeutend mit der Befolgung der beiden Prinzipien *Safa'* und *Wefa'*[1].

Safa' ist die Gottesdienerschaft des Menschen, also seine vollkommene Ergebenheit gegenüber Allah, dem Erhabenen, sowohl mit seiner Seele als auch mit seinem Herzen.

---

[1] *Safa'* bedeutet wörtlich „Reinheit, Lauterkeit, Aufrichtigkeit" und *Wefa'* bedeutet wörtlich: „Treue, Gewissenhaftigkeit, Vollendung, Erfüllung (eines Vertrags oder eines Versprechens)".

Wefa' ist der Kampf des Menschen gegen die Selbst-
sucht seiner *Nefs* (Triebseele). Dieser Kampf wird auf dem
Schlachtfeld des Herzens ausgetragen. Die Waffen, die dem
Menschen dabei zur Verfügung stehen, sind, die Befolgung
der Gebote Allahs des Erhabenen und das Zurückschrecken
vor Seinen Verboten.

Da die Lehre des *Tasawwuf* mit sehr vielen Bereichen des
menschlichen Lebens befasst ist, ist auch die Definition des
Begriffs *Tasawwuf* sehr weit gefasst. Wir wollen im Folgenden einige der wichtigsten Aspekte der Lehre des *Tasawwuf* Stichpunktartig aufführen:

Tasawwuf bedeutet:

- Allah den Erhabenen zu erkennen und Ihm zu
  dienen,
- den guten Charakter des Gesandten Allahsﷺ an-
  zunehmen,
- sich dessen bewusst zu sein, dass alle Wohltaten
  ihren Ursprung bei Allah dem Erhabenen haben,
- sich nicht vom Glanz der irdischen Gaben blenden
  zu lassen, sondern hinter allen Dingen deren Schöp-
  fer zu erkennen,
- nicht nach gesellschaftlicher Anerkennung und weltlichen Titeln zu streben, sondern stattdessen dem
  spirituellen Pfad zu folgen,
- hinter das Geheimnis des folgenden Quranverses zu
  kommen: *„Fürchtet Allah und trachtet danach, Ihm
  nahe zu kommen!"* (El-Ma'ideh 5/35)

- den Ursprung allen körperlichen und seelischen Unheils und aller materiellen Heimsuchungen auf die Verdorbenheit seiner eigenen Triebseele zurückzuführen und diese als Buße für vorangegangene Sünden zu verstehen.

Die Grundlagen des Tasawwuf

Die Lehre des *Tasawwuf* ruht auf vier Grundpfeilern. Jeder dieser Grundpfeiler besteht aus einer speziellen Form der Erkenntnis:

Erster Grundpfeiler: Die *Ma'rifetullah* (Gotteserkenntnis)

Ma'rifetullah bedeutet, die göttlichen Eigenschaften und die göttliche Handlungsweise aus dem Blickwinkel der unteilbaren Einheit Allahs des Erhabenen zu betrachten und mit dem Auge der Erkenntnis wahrzunehmen. Die dabei gewonnenen Erkenntnisse setzt man dann gewissenhaft in seinem Alltag um.

Zweiter Grundpfeiler: Die Selbsterkenntnis

Selbsterkenntnis bedeutet, sich der Mangelhaftigkeit und Triebhaftigkeit seiner ichbezogenen Seele (*Nefs*) bewusst zu werden und sich vor dieser in Acht zu nehmen. Der Gesandteﷺ deutet mit folgendem Ausspruch auf dieses Geheimnis hin: *„ Wer sein Nefs erkannt hat, hat damit bereits auch seinen Herrn erkannt!"*[2]

Dritter Grundpfeiler:
Die Erkenntnis über den verfluchten Teufel

Erkenntnis des Wesens des verfluchten *Scheytan* (Teufel) bedeutet, dessen Fallstricke und Schliche zu erkennen und sich vor diesen zu schützen. Diese Erkenntnis erhält man, indem man die Methoden der Einflüsterungen und die verschiedenen Handlungsweisen erforscht, die der *Scheytan* dazu einsetzt, die Menschen aus dem Gleichgewicht des Zustands von *Safa'* und *Wefa'* zu bringen.

Vierter Grundpfeiler:
Die Erkenntnis der irdischen Dinge

Wer über die Erkenntnis der irdischen Dinge verfügt, hat das wahre Gesicht der materiellen Welt erkannt und lässt sich nicht mehr von deren unheilvollen Verlockungen in die Irre führen.

Die Lehre des *Tasawwuf* ist also eine spirituelle Wissenschaft, deren Ziel es ist, Erkenntnisse im Bereich dieser vier Grundpfeiler zu erwerben und diese Erkenntnisse in die Praxis umzusetzen.

---

2   Molla Ali el-Qari: Mirqatul Mefatih Scherhu Mischkati Mesabih, Band 1, Seite 350.

Kurz gesagt ist *Tasawwuf* die Lehre der Erkenntnis von den Eigenschaften und der Handlungsweise Allahs des Erhabenen. Diese Erkenntnis entsteht beim Sufi auf der Basis der Selbstreflexion und Selbsterkenntnis.

Dabei erkennt der Sufi:

- seinen Herrn und erkennt Ihn als seinen Herrn an,
- die Nachteile der vergänglichen irdischen Welt und die Vorzüge der unvergänglichen jenseitigen Welt,
- seine Feinde (Nefs und Scheytan) und geht gegen diese vor.

Das Ziel des Tasawwuf

Muhammed Parisa war der Stellvertreter Schah en-Naqschebends ﷺ. Er hinterließ uns unter anderem den folgenden Ausspruch:

„Die Schleier zwischen Allah dem Erhabenen und Seinem Diener gehören nicht zu den materiellen Dingen. Diese Schleier sind (von unserem Nefs) idealisierte und geschörte Abbilder der materiellen Dinge. Jede irdische Sache, die uns entzückt und unser Herz für sich einnimmt, bildet einen der Schleier, die sich zwischen uns und Allah dem Erhabenen befinden."

Diese Schleier werden unter anderem von folgenden Dingen verursacht oder durch diese verdichtet:

- Unseren verbotenen Blicken,
- unserer Beschäftigung mit den Angelegenheiten anderer,
- unseren schlechten Worten,
- unseren verletzenden Bemerkungen,
- unseren obszönen Gesprächen,
- unseren selbstsüchtigen Handlungen,
- unserem Hang dazu, uns ständig über unser Schicksal zu beschweren.

All diese Dinge sind Hindernisse und Barrieren auf dem Weg zur *Ma'rifetullah*.

Zu diesen Hindernissen zählen auch:

- Das Ansehen von anstößigen Bildern,
- das Aussprechen und Anhören unanständiger Worte,
- das Singen und Hören unsittlicher Lieder,
- das Ansehen entsprechender Fernsehprogramme.

Durch diese schlechten Einflüsse verdichtet sich der Schleier zwischen Allah dem Erhabenen und uns immer mehr, bis das göttliche Licht und der göttliche Segen nicht mehr bis zu unserem Herzen durchdringen können. Die Empfangsbereitschaft unseres Herzens ist gestört; es ist nicht mehr in der Lage, *Feyd* (göttliche Energie) aufzuneh-

men und entfernt sich immer weiter von Allah dem Erhabenen.

Auf diese Weise schaffen wir eine Distanz zwischen uns
und Allah dem Erhabenen, obwohl Er uns doch näher ist als
unsere Halsschlagader! Schuld daran sind einzig und allein
unsere Unachtsamkeit und unsere Gedankenlosigkeit!

Wir müssen die Schleier, die wir zwischen uns und Allah
den Erhabenen geschoben haben, immer wieder aufs Neue
zerreißen.

Genauso wie wir morgens die Vorhänge vor unseren
Fenstern beiseiteschieben, um das Tageslicht in unsere
Wohnung zu lassen und die Fenster öffnen, um die frische
Morgenluft hereinzulassen, genauso müssen wir die Schleier vor unserem Herzen beiseiteschieben, damit dieses mit
dem Licht des göttlichen Segens durchflutet werden kann,
und die Fenster unseres Herzens öffnen, damit dieses von
der *Feyd* belebt werden kann.

Die Fenster unseres Herzens lassen sich aber nur dann
öffnen, wenn wir all unsere verwerflichen Taten aufrichtig
bereuen (*Tewbeh*) und uns vornehmen, diese nie wieder zu
begehen. Je aufrichtiger wir bereuen, desto weiter lassen
sich die Fenster unseres Herzens öffnen und desto tiefer
können der *Berekeh* (Segen), die *Feyd* und *Rahmeh* (die
Barmherzigkeit Allahs des Erhabenen) in unser Herz ein-
dringen.

**Die beiden Hauptaufgaben der islamischen Erzie-
hungslehre des Tasawwuf sind also:**

Erstens: Der *Abid* (Gottesdiener) muss dazu in die Lage
versetzt werden, die Schleier vor seinem Herzen zu zerreißen.

Zweitens: Das Herz des *Abid* muss aus dem Schlummer
seiner Sorglosigkeit und Gleichgültigkeit wachgerüttelt
werden.

Wie kann nun dieses Ziel erreicht werden?

Hier kommt die besondere Begabung des *Murschidul
Kamil* ins Spiel: Ihm wurde von Allah dem Erhabenen die
Fähigkeit verliehen, die Menschen spirituell zu erziehen.
Durch diese Erziehung verändern sich *Edeb* (Verhalten)
und *Akhlaq* (Charakter) des Menschen zum Positiven. Da-
durch erlangt dieser seine seelische Reife und nähert sich
Allah dem Erhabenen.

Edeb bedeutet, sich zu jeder Zeit und in jeder Situation
richtig zu verhalten. Dieser Zustand kann nur erreicht werden, wenn man dem Vorbild des Gesandten Allahsﷺ folgt.
So machten es alle *Sadatul Kiram* (die Großen dieses Pfades). Sie hielten sich genauestens an *Sunneh* (Tradition)
des Gesandten Allahsﷺ und wurden dafür von Allah dem
Erhabenen reichlich belohnt.

Akhlaq bedeutet, sich die Tugendhaftigkeit der *Ewliya* (Gottesfreunde) zu eigen zu machen. Dadurch erlangt man die Nähe Allahs des Erhabenen und wird so zum Bewunderer der Zeichen der göttlichen Herrlichkeit. Und wer sich die Tugendhaftigkeit der Gesandten Allahsﷺ aneignet, erlangt dadurch die besondere Freundschaft Allahs des Erhabenen. Wem es hingegen als zu mühselig erscheint, an seiner Charakterbildung zu arbeiten, dem werden all diese Dinge versagt bleiben.

Ohne Hilfe von außen kann man allerdings niemals so weit kommen, dass sich einem das wahre Wesen des Edlen Quran und der gesegneten *Sunneh* offenbart. Nur wenn man die Ratschläge der *Murschidul Kamil* annimmt und sein Verhalten dem ihrigen anpasst, kann es einem gelingen, das erlernte Wissen mit dem Auge des Herzens zu entschlüsseln und so zu dessen Kern vorzudringen. Dies ist der Weg des *Tasawwuf*.

In diesem Sinne ist der folgende Ausspruch von Schah en-Naqschebendﵣ zu verstehen, den uns Imam er-Rabbaniﵣ überliefert:

„Schah en-Naqschebendﵣ wurde eines Tages von einem Mann folgende Frage gestellt: ‚Was ist das Ziel des Beschreitens des Tasawwuf?' Er antwortete ihm: ‚Die Fähigkeit, allgemeine Erkenntnisse auf dem Wege des analytischen Denkens zu erlangen und diese (Erkenntnisse) mit

*(demjenigen Wissen) zu beweisen, (das einem Allah der Er-
habene gibt, indem Er) den Schleier (von einem) hebt.'*[3]

Die Lehre des *Tasawwuf* macht den Menschen tugendhaft
und charakterstark und bereichert dadurch sowohl seinen
Alltag als auch seine Spiritualität. Sie führt ihn auf kürzestem Wege dazu, ein aufrichtiger Mensch zu werden, der
reiner Absicht ist, ein hingebungsvolles Herz besitzt und
Allah den Erhabenen leidenschaftlich liebt.

---

3   Imam er-Rabbani: Mektubat, 84. Brief.

Der hohe Stellenwert des Tasawwuf

Der Gesandte Allahsﷺ verkündete den Menschen nicht nur die göttliche Offenbarung, sondern vermittelte ihnen darüber hinaus ein umfassendes Gesamtbild des Islam: Manchmal berichtete er den Menschen von Allah dem Erhabenen, manchmal lehrte er sie die religiösen Gebote und Verbote und manchmal widmete er sich den Problemen seiner *Sahabeh* (Weggefährten).

Dies machte ihn zu einem Vorbild für seine *Ummeh* (Gemeinde) in allen Lebensbereichen. Denn der Islam besteht aus göttlichen Verhaltensregeln und Anordnungen, die sowohl das Äußere als auch das Innere des Menschen ausbilden. Allah der Erhabene sagte dazu im Edlen Quran Folgendes:

لَقَدْ مَنَّ اللّٰهُ عَلَى الْمُؤْمِنِينَ إِذْ بَعَثَ فِيهِمْ رَسُولاً مِنْ أَنْفُسِهِمْ يَتْلُو عَلَيْهِمْ أَيَاتِهِ

وَيُزَكِّيهِمْ وَيُعَلِّمُهُمُ الْكِتَابَ وَالْحِكْمَةَ وَإِنْ كَانُوا مِنْ قَبْلُ لَفِي ضَلَالٍ مُبِينٍ

„Wahrlich erwies Allah den Gläubigen eine Wohltat, indem Er unter sie einen Gesandten aus ihrer Mitte entsandte, um ihnen Seine Zeichen zu verlesen, und sie zu läutern und sie das (göttliche) Buch und die (göttliche) Weisheit zu lehren, obgleich sie sich zuvor in einem offenkundigen Irrtum befanden.‟

(Ali Imran 3/164)

In diesem Quranvers wird die Läuterung des Menschen von seinen Sünden und seinen falschen Verhaltensweisen als *Tezkiyeh* bezeichnet. Das Ziel der spirituellen Erziehung des *Tasawwuf* ist es ebenfalls, den Menschen von seinen Sünden und seinen schlechten Verhaltensweisen zu läutern. *Safa'*, eines der beiden Prinzipien des *Tasawwuf*, bedeutet nämlich wörtlich „Reinheit, Lauterkeit und Ungetrübtheit". Das Prinzip des *Safa'* zu verinnerlichen bedeutet, alle Dinge, die die innere Reinheit beschmutzen könnten, außenvorzulassen, um den Islam nicht nur mit dem Körper, sondern auch mit der Seele perfekt leben zu können.

In den Islam tritt ein Mensch ein, indem er mit seinem Herzen bezeugt, dass es keinen Gott außer Allahﷻ gibt und dass Muhammedﷺ Sein Gesandter ist. Die praktische Umsetzung dessen erfolgt durch die Verrichtung der vorgeschriebenen *Ibadeh* (Gottesdienste). Anstand und guten Charakter erreicht man, indem man sich von den Anhaftungen der irdischen Dinge befreit und sein Herz von den Spuren reinigt, die die Sünden darin hinterlassen haben. Die *Murschidul Kamil* helfen dem Menschen dabei, sich von Sünden fernzuhalten. Da sie die wahren Erben der Gesandtenﷺ sind, wurde ihnen die Fähigkeit verliehen, die Menschen dazu zu bewegen, gute und heilbringende Taten zu verrichten.

Durch die spirituelle Erziehung des *Tasawwuf* wird sich der Muslim der Allgegenwart Allahs des Erhabenen bewusst und verhält sich dementsprechend. Diesen besonderen Zustand nennt man *Ihsan*.

Umer berichtet uns, was der Gesandte Allahs unter *Ihsan* verstand:

„Als wir eines Tages mit dem Gesandten Allahs zu-sammensaßen, trat auf einmal ein Mann mit schneeweißer Kleidung und pechschwarzem Haar zu uns heran. Man konnte an ihm keine Spuren einer Reise erkennen, und es kannte ihn auch niemand von uns. Er setzte sich so vor den Propheten, dass seine Knie die Knie des Gesandten berührten und legte seine Handflächen auf seine [Muham-meds] Oberschenkel. Dann sprach er: ‚O Muhammed! Er-zähle mir vom Islam.‘

Da antwortete ihm der Gesandte Allahs: ‚Islam bedeu-tet, dass du bezeugst, dass es keine Gottheit außer Allah gibt und dass Muhammed der Gesandte Allahs ist, dass du das Pflichtgebet verrichtest, die Armensteuer entrichtest und im Ramadan fastest. Und dass du zum Haus Allahs pilgerst, wenn du [körperlich und finanziell] dazu in der Lage bist.‘

Da sagte der Mann: ‚Du hast die Wahrheit gesprochen.‘

Da wunderten wir uns, dass er ihn erst befragte und ihm dann Recht gab.

Der Mann fragte weiter: ‚Erzähle mir vom Iman!‘

Der Gesandte Allahs antwortete ihm: ‚(Iman ist), dass du an Allah, Seine Engel, Seine Bücher, Seine Prophe-

*ten und die Auferstehung (den Jüngsten Tag) glaubst und
dass du daran glaubst, dass sowohl das Gute als auch das
Schlechte (von Allah dem Erhabenen) vorherbestimmt ist.'*

*Da sagte der Mann: ,Du hast die Wahrheit gesprochen.'
Danach sagte er. ,So erzähle mir nun von Ihsan.'*

*Der Gesandte☙ antwortete: ,(Ihsan ist), dass du Allah so
anbetest, als ob du Ihn sehen würdest. Und wenn auch du
Ihn nicht sehen kannst, wahrlich so sieht Er dich doch.'*

*Da sagte der Mann: ,Erzähle mir vom Tag der Auferste-
hung.'*

*Der Gesandte☙ antwortete: ,Darüber weiß der Befragte
nicht mehr als der Fragende.' "*[4]

Anschließend berichtete der Gesandte Muhammed☙
dennoch über einige Zeichen und Merkmale des Tages der
Auferstehung. Danach bat ihn der Frager um Erlaubnis,
aufstehen zu dürfen und verschwand in der Menge. Dar-
aufhin scharten sich die Gefolgsleute des Gesandten☙ um
ihn. Da sagte er zu ihnen:

"Bringt mir die Person, die die Fragen gestellt hat!"

Die Gefolgsleute suchten nach ihm, doch sie fanden ihn
nicht. Da sagte der Gesandte☙ zu ihnen:

---

4   Muslim: Iman, 8.

*"Das war Dschibril*صلى الله عليه وسلم *[der Erzengel Gabriel]. Er ist ge-kommen, um euch eure Religion zu lehren."*[5]

Tasawwuf führt den Menschen dazu, zu sagen: „Allah der Erhabene sieht mich. Ich bin mir Seiner Allgegenwart bewusst. Und weil mich Allah der Erhabene sieht und kennt, werde ich diejenigen Charaktereigenschaften annehmen, die Ihm gefallen, damit Er Gefallen an mir findet."

Imam er-Rabbani رحمه الله sagte dazu:

„Die Entwicklung beginnt auf unserem Weg (dem Weg des Tasawwuf); sie beginnt im Reich des Herzens."

Die Anfänge des Tasawwuf

Es gehört zum Glauben des Muslims, dass er sich jeder-zeit der Allgegenwart Allahs des Erhabenen bewusst ist. Unser Erhabener Herrﷻ ist Seinem Diener immer nahe; Er ist ihm näher als seine Halsschlagader. Um von dieser Nähe profitieren zu können, sollte der Muslim seinerseits die Nähe Allahs des Erhabenen suchen.

Es ist seine Pflicht, sich Ihm zu nähern und sich nicht von seiner verderblichen *Nefs* (Triebseele) und dem verfluchten Scheytan hinters Licht führen zu lassen. Diese beiden sind seine größten Feinde und versuchen immerzu, einen Keil zwischen ihn und Allah den Erhabenen zu treiben.

---

5   Ebd.

Das eigentliche Ziel des Islam ist es nicht, dass wir die verschiedenen Arten der *Ibadeh* mit unserem Körper ausführen, sondern mit unserem Herzen. *Ihsan* bildet also den Kern des Islam und ist das Ziel der Lehre des *Tasawwuf*. Die oben aufgeführte *Hadith*, die sogenannte „Dschibril-Hadith", war also enorm wichtig für die spätere Ausprägung des Islam. Der Antwort auf die Frage „ *Was ist Islam?* " sind die Hadithwissenschaften, *Tefsir* (Quraninterpration) und *Fiqh* (die islamische Rechtslehre) entsprungen. Aus der Antwort auf die Frage „ *Was ist Iman?* " ist die *Aqideh* (islamische Dogmatik) erwachsen. Und der Frage „ *Was ist Ihsan?* " ist die Lehre des *Tasawwuf* entsprungen.

Anders ausgedrückt können diese drei Teilbereiche der islamischen Wissenschaften in Glaube, Glaubenspraxis und Charakterschulung unterteilt werden.

Der Teilbereich *Iman* (Glaube) befasst sich mit der Lehre von den Glaubensgrundsätzen. Diese werden von den islamischen Dogmatikern erforscht.

Der Teilbereich *Islam* (Glaubenspraxis) befasst sich mit der korrekten Ausführung der *Ibadeh* (gottesdienstlichen Handlungen). Hierfür sind die islamischen Rechtsgelehrten zuständig.

Der Teilbereich *Ihsan* (Charakterschulung) befasst sich mit dem Inneren des Menschen, also mit der Reinigung des Herzens und der Erziehung des Menschen zu Anstand und gutem Charakter. Hierfür sind die *Insanul Kamil* (vollendete Menschen) zuständig. Diese ehrwürdigen Personen wurden in sufischen Schulen ausgebildet, deren Ausbildung auf dem Edlen Quran und der *Sunneh* des Gesandten基 basiert. *Ihsan* bildet die Grundlage der sufischen Erziehung, deren Ziel die spirituelle Reinigung und innere Schönheit ist.

Kein Muslim kann von sich Folgendes behaupten:

„Ich bin gläubig und praktiziere meine Religion, dafür brauche ich keinen *Ikhlas* (Gottergebenheit) und *Mahabbehtullah* (Gottesliebe). Ich habe es nicht nötig, mein Herz zu reinigen und mich mit der Erziehung meiner Triebseele zu beschäftigen."

Wer so denkt, wird seine Religion niemals vollständig leben und niemals die Zufriedenheit Allahs des Erhabenen erlangen können.

Tasawwuf ist die Wissenschaft der spirituellen Zustände. Der spirituelle Zustand des *Ihsan* war ein fester Bestandteil im Leben des Gesandten Allahs基 und seiner Weggefährten. Die besten Muslime nach dem Gesandten Allahs基 waren dessen Weggefährten基. Das Prinzip *„Zwar sehe ich Allah den Erhabenen nicht, aber dafür sieht Er mich"* war bei ihnen in seiner vollkommenen Ausprägung vorhanden. Diejenigen Personen, die den Weggefährten基 persönlich begegneten, werden als *Tabi'in* (Nachfolger oder nachfolgende Generation) bezeichnet. Die Generation, die diesen folgte, wird wiederum als *Tabi'u Tabi'in* (Nachfolger der Nachfolger) bezeichnet. Sie sind zwar den Weggefährten基

nicht mehr persönlich begegnet, trafen dafür aber auf jene, die ihrerseits den Weggefährten persönlich begegneten. Die ehrenhaften Personen, die nach ihnen kamen, wurden manchmal als die Schar der Vollendeten, manchmal als *Zahid* (diejenigen, die frei von irdischen Anhaftungen sind) und manchmal als *Seleful Salih* (die rechtschaffenen Altvorderen) bezeichnet.

Umso weiter sich die Muslime von dem Zeitpunkt des Ablebens des Gesandten Allahs entfernten, umso weiter entfernten sie sich auch vom reinen Zustand des *Ihsan*. Deshalb machte sich schon bald der große Bedarf für die systematische Ausformung der Lehre des *Tasawwuf* bemerkbar.

Bin Khaldun schrieb dazu Folgendes:

„Als sich ab dem 2. Jahrhundert [nach der Hidschreh] die Hinwendung (der Muslime) zu den irdischen Dingen verbreitete und die Menschen (ihre jenseitigen Belange) mit den irdischen Belangen zu vermischen begannen, prägten diejenigen, die sich (ganz) der Ibadeh (Gottesdienst) widmeten, den Begriff Sufiyyeh [= Tasawwuf]."[6]

Diese Zeit war überhaupt eine Zeit des Umbruchs. Neben der Lehre des Tasawwuf, die sich auf die ursprünglichen Werte des *Ihsan* zurückbesann, entstanden auch sehr viele andere islamische Gemeinschaften und Denkschulen.

---

6   Im Vorwort von Bin Khaldun: „Ilmul Tasawwuf", S. 329.

Trotz aller Spaltungen gibt es auch heutzutage noch – so wie dies zu allen Zeiten der Fall war – Rechts- und Glaubensschulen, deren Gelehrte sich strikt an die Lehre der Hauptströmung der Muslime, also an die Lehre der *Ehlu Sunneh wel Dschema'ah*, halten.

Genauso verhält es sich auch mit dem *Tasawwuf*: Zu jeder Zeit gab es sufische Schulen und spirituelle Wege, deren Oberhäupter den Weg des Gesandten Allahsﷺ beschritten und sich dessen Lebensweise zum Vorbild nahmen. Und es wird sie immer geben.

Die wahren Anhänger der Lehre des *Tasawwuf* distanzierten sich schon immer von *Bid'ah* (unerlaubte Neuerungen in der Religion); im Gegenteil bauten sie eine sehr enge Verbindung zu Allah dem Erhabenen und Seinem Gesandtenﷺ auf.

Die wahren Anhänger der Lehre des *Tasawwuf* waren schon immer die Bewahrer des edlen islamischen Charakters, also des Charakters des Gesandten Allahsﷺ und seiner Weggefährten﷽.

Die Frage: *„Gab es denn etwa zu Lebzeiten des Gesandten Allahsﷺ schon die Lehre des Tasawwuf?"*

könnte man folgendermaßen beantworten: *„Damals gab es zwar den Begriff Tasawwuf noch nicht, aber die Lehre des Tasawwuf existierte damals sehr wohl, denn deren*

*Lehrinhalte wurden bereits zur Zeit des Gesandten Allahsﷺ
und seiner Weggefährten﷢ in die Praxis umgesetzt!"*

Wer also sagt: *"Ich beschreite den Weg des Tasawwuf"*,
der sagt nichts anderes als: *"Ich lebe nach den Regeln
der Tugendhaftigkeit des Gesandten Allahsﷺ und seiner
Weggefährten﷢".*

Die Sufis sind also nichts anderes als aufrichtige Muslime, die sich bemühen, dem Weg des Gesandten Allahsﷺ
und seiner Weggefährten﷢ zu folgen. Sie tun nichts anderes, als zu versuchen, sich an die Vorgaben des folgenden
Quranverses zu halten:

قُلْ إِنْ كُنْتُمْ تُحِبُّونَ اللَّهَ فَاتَّبِعُونِي يُحْبِبْكُمُ اللَّهُ وَيَغْفِرْ لَكُمْ ذُنُوبَكُمْ وَاللَّهُ غَفُورٌ رَحِيمٌ

*"Sprich (o Muhammed): Wenn ihr Allah liebt, dann folgt
mir! So liebt euch Allah und vergibt euch eure Sünden.
Allah ist Allvergebend, Barmherzig."*

'Ali Imran 3/31)

Der Ausspruch *"Folgt mir!"* in diesem Quranvers bein-
haltet mehr als nur die Aufforderung dazu, seiner Verpflich-
tung gegenüber dem Gesandten Allahsﷺ nachzukommen
und eine normale menschliche Bindung zu diesem aufzu-
bauen. Sie verlangt den unerschütterlichen Glauben und
die vollkommene Hinwendung des Herzens zu ihm.

Die Liebe, von der in diesem Quranvers die Rede ist, ist also keine gewöhnliche Form der Liebe, sondern sie ist die Liebe in ihrer reinsten Form.

Diese Liebe verlangt von uns, dass wir hingebungsvoll am *Ibadeh* (Gottesdienst) teilnehmen, die islamischen Glaubensgrundsätze verinnerlichen und einen guten Charakter annehmen. Diese Liebe verlangt von uns die völlige Hingabe unseres Körpers und unserer Seele. Die wahre Ergebenheit zu Allah, dem Erhabenen, des Muslims zeigt sich erst dann, wenn ihm die *Sunneh* des Gesandten Allahsﷺ sozusagen in Fleisch und Blut übergegangen ist.

Die Weggefährten﷢ des Gesandten Allahsﷺ wurden von ihm in den Bereichen *Iman* (Glaubenslehre), *Islam* (Glaubenspraxis) und *Ihsan* (Gottergebenheit) ausgebildet und erlernten so die perfekte islamische Lebensweise.

Auch viele *Ewliya* (Gottesfreunde), wie Seyyid Abdulqadir el-Dschilani, Yunus Emre, Mewlana Dschelaluddin Rumi, Hadschi Bektasch Weli, Schah en-Naqschebend, Imam er-Rabbani, Mewlana Khalid el-Baghdadi und Ahmed er-Rufa'i﷭ verschrieben sich mit Leib und Seele dem Weg des Gesandten Allahsﷺ. Auf diese Weise stiegen sie zu den höchsten Stufen der *Mahabbetullah* (Gottesliebe)empor und eigneten sich ein solch mustergültiges Verhalten an, dass sie zu Vorbildern für den Rest der Menschheit wurden.

WAS IST EINE TARIQAH?

Erläuterung des Begriffs „Tariqah"

Der Begriff *Tariqah* stammt aus dem Arabischen und bedeutet „Weg, Methode, Art und Weise, System, Vorgehensweise, Regelwerk".

Eine *Tariqah* ist also:

ein festgesetztes Regelwerk,

ein Weg, der einen Allah dem Erhabenen näherbringt,

eine bestimmte Erziehungsmethode innerhalb der Erziehungslehre des *Tasawwuf*,

eine bestimmte Vorgehensweise, die auf einem festgelegten System beruht.

Nach Ansicht der *Tasawwuf*-Gelehrten führen so viele Wege zu Allah dem Erhabenen wie es Atemzüge im Leben eines Menschen gibt. Jede *Tariqah* folgt einer bestimmten Handlungsweise, die auf einem festen Regelwerk aufbaut. Da es sehr viele unterschiedliche menschliche Eigenarten gibt, hat jede *Tariqah* ihre eigene Vorgehensweise. Auf diese Weise können die Bedürfnisse aller Menschen abgedeckt werden.

Im Edlen Quran heißt es dazu:

قُلْ كُلٌّ يَعْمَلُ عَلَى شَاكِلَتِهِ فَرَبُّكُمْ أَعْلَمُ بِمَنْ هُوَ أَهْدَى سَبِيلاً

„Sprich: Jeder handelt auf seine Art. Euer Herr weiß am besten, wer den rechten Weg geht."

(El-Isra 17/84)

Allah der Erhabene gab den Menschen ganz unterschiedliche Veranlagungen mit auf den Weg.

Auch unter den Weggefährten befanden sich Menschen mit den unterschiedlichsten Charakteren. Sie alle erlangten ihre Vollkommenheit durch die gesegnete Rechtleitung des Gesandten Allahs. Jeder Einzelne von ihnen bekannte sich auf seine ganz eigene Weise zum Islam, ohne dadurch von den Regeln Allahs des Erhabenen abzuweichen.

Auch nach dem Ableben des Gesandten Allahs ﷺ nahmen Menschen mit ganz unterschiedlichen Charakteren den Islam an, und auch heutzutage ist dies nicht anders.

So ist eine jede *Tariqah* – oder allgemein gesprochen der *Tasawwuf* an sich – keine eigene Religion, sondern eine Interpretation des Islam, die auf die individuellen Bedürfnisse der Menschen eingeht. Jede *Tariqah*, die den Geboten und Verboten Allahs ﷺ und Seines Gesandten ﷺ treu geblieben ist, hat bis zum heutigen Tage Bestand. *Tariqahs* hingegen, die Allah dem Erhabenen und Seinem Gesandten ﷺ untreu geworden sind, verschwanden von der Bildfläche.

Scheykh Abdurrahman et-Tahi ﷺ sagte dazu:

„Die Tariqah orientiert sich an der Scharia (also dem Quran und der Sunneh). Ja, sie ist sogar die äußere Form der Scharia und das Fundament der Scharia. Wenn die Scharia nicht von den Tariqahs in ihrer schönsten Form umgesetzt worden wäre, hätte die Sure Hud den Gesandten Allahs ﷺ nicht zum Altern gebracht[7].

---

7   Hier ist folgender Vers der Sure Hud gemeint: *„Beharre auf dem, was dir befohlen wurde!"* (11. Sure: Hud, Vers 112). Im Tefsir von Er-Razi heißt es dazu folgendermaßen: *„Dem Gesandten ﷺ wurde keine Sure des gesamten Quran gesandt, die ihn heftiger und härter mitnahm als dieser Vers. Deshalb sagte der Gesandte ﷺ: ‚Hud und ihre Brüder [also diejenigen Verse des Edlen Quran, die denselben Inhalt haben wie der oben aufgeführte Vers] ließen mich altern!'"* (Vgl: Tefsir Er-Razi: Sure Hud, Vers 112).

Wenn der Gesandte Allahs❈ nicht den rechten Weg gegangen wäre, hätte Allah der Erhabene ihn nicht gewürdigt. Dann hätte der Gesandte Allahs❈ die altvorderen Helfer und Auswanderer❈ [in seiner Abschiedspredigt] nicht gefragt: „Habe ich euch denn nicht [wahrheitsgemäß von der göttlichen Offenbarung] berichtet?", sondern er hätte gesagt: „Ich habe euch (wahrheitsgemäß) berichtet!" Und dies deutet auf unsere Aufgabe hin. Das Ziel der Tariqah ist es nämlich, die Scharia (Quran und Sunneh) in das alltägliche Leben (der Gläubigen) zu integrieren."[8]

Der *Murschidul Kamil* ist das Oberhaupt der *Tariqah*. Da er die spirituelle Rangstufe des *Ihsan* einnimmt, ist er regelrecht dazu gezwungen, gute Werke zu tun.

Allah der Erhabene tut seine Bindung zu denen, die sich auf seinem Wege darum bemühen, Gutes zu tun, in folgendem Quranvers kund:

وَالَّذِينَ جَاهَدُوا فِينَا لَنَهْدِيَنَّهُمْ سُبُلَنَا وَإِنَّ اللَّهَ لَمَعَ الْمُحْسِنِينَ

„Diejenigen aber, die sich (auf unserem Wege) abmühen, werden wir mit Sicherheit auf Unseren Wegen rechtleiten. Und Allah ist wahrlich mit denen, die Muhsinin sind [also die Rangstufe des Ihsan innehaben]."

(El-Ankebut 29/69)

---

8   Abdurrahman-i Tahi: Scheykh Abdurrahman-i Tahi´nin Mektupları, 12. Brief.

Dieser Vers verdeutlicht, dass Allah der Erhabene diejenigen Muslime, die sich auf Seinem Wege bemühen, rechtleiten wird, aber auch, dass Er von ihnen verlangt, *Muhsin* (pl. *Muhsinin*) zu werden.

Ein *Muhsin* ist eine Person, die mit *Ihsan* handelt. Das bedeutet, dass sie in dem Bewusstsein, dass sie von Allah dem Erhabenen beobachtet wird, gute und fromme Taten hervorbringt.

Ihsan ist der Kern und das Ziel des *Tasawwuf*. *Tasawwuf* ist die Lehre des *Ihsan* und beruft sich auf die zuvor zitierte „Dschibril-Hadith", in der *Ihsan* als grundlegender Bestandteil des Islam beschrieben wurde. Somit reichen die Wurzeln des *Tasawwuf* also bis in die Zeit des Gesandten Allahsﷺ zurück.

Im Laufe der Zeit bildeten sich die verschiedenen *Tariqahs* heraus. Diese wurden nach ihren jeweiligen *Scheykhs* (Oberhäuptern) benannt und von ihren Anhängern weiterverbreitet. Die Verbreitung der *Tariqahs* sorgte dafür, dass das spirituelle Leben des *Tasawwuf* zum festen Bestandteil des Islam in den meisten islamischen Gesellschaften wurde.

Von Medhhebs und Tariqahs

Zur Zeit der Weggefährten﷠ des Gesandten Allahsﷺ gab es keine speziellen Bezeichnungen für die *Tariqahs*. Auch der Begriff *Tasawwuf* wurde noch nicht verwendet. Die Weggefährten﷡ gestalteten aber ihr ganzes Leben nach den Grundsätzen des *Ihsan*: Auch wenn sie Allah den Erhabenen nicht mit ihren fünf Sinnen wahrnehmen konnten, so waren sie sich doch Seiner Allgegenwart bewusst. Dieses Bewusstsein spiegelte sich in ihren Handlungen wider.

Mit dem Ableben des Gesandten Allahsﷺ endete das Zeitalter der göttlichen Offenbarungen. Da der Edle Quran aber bald nach dem Ableben des gesegneten Prophetenﷺ von dessen Weggefährten﷡ niedergeschrieben wurde und diese auch die *Sunneh* des Gesandtenﷺ bewahrten, konnte der Islam auch weiterhin in seiner ursprünglichen Form fortbestehen.

Weil sie vom Gesandten Allahsﷺ persönlich unterwiesen wurden, waren die Weggefährten﷡ allesamt vollkommene Menschen. Aus diesem Grunde und weil sie im Edlen Quran ausdrücklich von Allah dem Erhabenen gelobt werden, wird ihnen innerhalb der islamischen Gemeinschaft eine besondere Vorrangstellung eingeräumt.

Die vier *Medhhebs* (Rechtsschulen) und die verschiedenen *Tariqahs* (Sufiorden) sind feste Bestandteile des Islam! Der einzige Maßstab dafür, ob eine *Medhheb* oder eine *Tariqah* für sich in Anspruch nehmen kann, zu den Repräsentanten des Islam zu gehören oder nicht, ist ganz klar: Hält sie sich an die Vorgaben des Edlen Quran und der *Sunneh,* gehört sie dazu, hält sie sich nicht daran, gehört sie nicht dazu.

Da Allah der Erhabene nicht alle Menschen gleich erschaffen hat, hat Er auch dafür gesorgt, dass es innerhalb des Islam eine gewisse Vielfalt gibt. Je stärker sich eine Gruppe von Gläubigen, eine islamische Gemeinde oder ein ganzes Volk an den Edlen Quran und die *Sunneh* des Gesandtenﷺ hielt, desto größer wurden ihr Ruhm und ihr Ansehen bei Allah dem Erhabenen und Seinen Dienern.

Die Medhhebs und Tariqahs

wurden durch ihre führenden Persönlichkeiten bekannt und nach diesen benannt. So wurde die hanefitische Rechtsschule nach ihrem Imam Ebu Hanife, die schafi'itische Rechtsschule nach ihrem Imam Schafi'i, die malikitische Rechtsschule nach ihrem Imam Malik und die hanbelitische Rechtsschule nach ihrem Imam Ahmed Bin Hanbel benannt. Die beiden bedeutendsten Glaubensschulen des Islam, die *Eschariyyeh* und die *Maturidiyyeh*, wurden nach ihren Begründern Imam El-Eschari und Imam El-Maturidi benannt.

Auch die *Tariqahs* wurden nach bedeutenden Persönlichkeiten benannt. So wurde beispielsweise der Pfad der *Qadiriyyeh* nach Abdulqadir el-Dschilani (verst. 1166 n. Chr.), der Pfad der *Yesewiyyeh* nach Ahmed el-Yesewi (verst. 1166 n. Chr.) und der Pfad der *Naqschebendiyyeh*, nach Schah en-Naqschebend (verst. 1389 n. Chr.)ﷺ benannt.

Die vier *Medhhebs* und die verschiedenen *Tariqahs* ergänzen und vervollständigen sich einander und unterstützen sich gegenseitig. Keine von ihnen behauptet, der alleinige Repräsentant der Wahrheit und des Islam zu sein, sondern ihr gemeinsames Ziel ist es, den Islam würdig zu vertreten und zu lehren.

Dabei legte Allah der Erhabene Seine Religion, den Edlen Quran und das Erbe Seines Gesandtenﷺ keineswegs in die Hände von untauglichen und unfähigen Personen. Die Bewahrer des Islam hielten sich immer an eine der vier Rechtsschulen und waren meist auch Mitglied einer *Tariqah*. Hielt sich hingegen der Führer einer *Tariqah* nicht an die Regeln Allahs des Erhabenen, dann verschwand er mitsamt seiner *Tariqah* von der Bildfläche.

Wer überprüfen will, ob eine *Tariqah* authentisch ist, also der reinen Lehre des Islam folgt, sollte die *Silsileh* dieser *Tariqah* überprüfen. Die *Silsileh* ist eine fortlaufende Kette von Personen, die vom Gesandten Allahsﷺ bis zum derzeit lebenden *Murschid* (Ordensführer) einer *Tariqah* reicht. Das Vorhandensein einer solchen *Silsileh* ist eine der Grundvoraussetzungen dafür, dass eine Person die Berechtigung dazu erhält, andere Menschen spirituell zu erziehen und ihnen den rechten Weg zu weisen.

In den vier Rechtsschulen erhält man ein Diplom bzw. *Idschazeh* (Lehrerlaubnis), nachdem man sein Studium des islamischen Rechts erfolgreich abgeschlossen hat. Dadurch erhält man die Erlaubnis, bestimmte Rechtsurteile erstellen und andere Personen im islamischen Recht unterrichten zu dürfen. Personen, die sich trotz dieser *Silsileh* und einer

Idschazeh nicht an die Maßstäbe des Edlen Quran und der *Sunneh* gehalten haben, sind in Vergessenheit geraten.

Jeder wird von Allah dem Erhabenen entsprechend seiner Absicht entlohnt.

Die Silsileh

Jede *Tariqah* hat einen Begründer und ein Oberhaupt (*Murschid/Scheykh*), von dem sie zurzeit geführt wird. Wenn die Erziehungsmethoden und Grundregeln einer *Tariqah* erst von einem späteren *Scheykh* festgelegt wurden, dann nennt man diesen *Scheykh* den *Piru Thani* (den „zweiten Begründer").

Die meisten *Murschids* ernennen einen oder mehrere *Khalife* (Stellvertreter). Ein *Khalife* ist einer der Schüler des *Murschids*, den dieser zu einem vollkommenen Menschen erzogen hat. Wenn der *Murschid* verstirbt, nimmt einer seiner *Khalifes* dessen Stellung ein. Auf diese Weise läuft die fortlaufende Kette von Persönlichkeiten, die dazu berechtigt sind, die *Tariqah* zu führen, immer weiter. Diese Kette nennt man *Silsileh*. Die *Silsileh* eines *Scheykhs* reicht bis zum Gesandten Allahsﷺ zurück. Dabei bildet jeder seiner Vorgänger ein Glied dieser Kette. So läuft diese Kette ohne Unterbrechung bis zu den Großen der *Ehlul Beyt*, den Weggefährten﷽ des Gesandten Allahsﷺ und von dort zu den ehrwürdigen Ali und Ebu Bekr zurück. Letztendlich entsteht eine *Silsileh*, die bis zum Gesandten Allahsﷺ zurückreicht.

Wurde ein *Murschid* vom Geist eines seiner Vorgänger spirituell erzogen, ohne dass sich diese beiden Personen je begegnet sind, dann bezeichnet man diesen *Murschid* als *Uweysiyy*.

Die Lehre des *Tasawwuf* ist so farbenprächtig und hat so viele verschiedene Spielarten, dass sie in jedem beliebigen Zeitalter und an jedem beliebigen Ort dazu in der Lage ist, die Menschen anzusprechen. Der *Tasawwuf* hat verschiedene Stadien durchlaufen und sich immer weiter fortentwickelt, ohne sich dabei von seinen Wurzeln, dem Edlen Quran und der *Sunneh*, auch nur ein Haarbreit zu entfernen. Deshalb existiert der *Tasawwuf* weiterhin und ist nach wie vor dazu in der Lage, die Herzen der Menschen anzusprechen. Im Gegenteil hat sich der *Tasawwuf* sogar immer weiter über den Erdball verbreitet, da viele *Murschids* mehrere, manchmal sogar hunderte von Stellvertretern erzogen haben, die für den Fortbestand und die Verbreitung der Lehre des *Tasawwuf* Sorge trugen.

Auf der anderen Seite starben manche *Tariqahs* aus, da ihre *Murschids* keine Personen in ihrem Umfeld hatten, die dazu geeignet waren, ihre *Tariqah* weiterzuführen. Die *Naqschebendiyyeh* ist eine derjenigen *Tariqahs*, die bis zum heutigen Tag ihre Frische, Unverfälschtheit und Attraktivität nicht verloren haben.

DER PFAD DER NAQSCHEBENDIYYEH UND DESSEN VORZÜGE

Was bedeutet Naqschebendiyyeh?

Der Pfad der *Naqschebendiyyeh* ging aus der soge-
nannten *Khadscheganiyyeh* hervor. Die *Khadscheganiyyeh* war ein spirituelles Erziehungssystem, dessen
Grundprinzipien durch den ehrwürdigen Muhammed
Baha'uddin en-Naqschebend ﷺ (1317-1389) fortentwickelt und umgestaltet wurden. Nach dessen Ableben wurde die *Khadscheganiyyeh* nach ihm benannt und fortan als
Naqschebenäiyyeh bezeichnet. Schah en-Naqschebend ﷺ
veränderte also das spirituelle Erziehungssystem der

Khadscheganiyyeh nicht vollständig und gestaltete dieses nicht komplett neu, sondern passte es nur den veränderten Bedingungen seiner Zeit an. Mit der Unterstützung und Einwilligung seiner Vorgänger auf diesem Pfad formulierte er die Prinzipien der *Khadscheganiyyeh* neu und baute ein neues Erziehungssystem auf, das dann nach ihm benannt wurde.

Der ehrwürdige Schah en-Naqschebend﷫ verfolgte die grundlegenden Prinzipien dieser Erziehungsmethoden anhand der *Silsileh* bis zum Gesandten Allahs ﷺ zurück und behielt diese bei.

Imam er-Rabbani﷫ beschrieb die Vorzüge der *Naqschebendiyyeh* folgendermaßen:

„ Unter allen Pfaden ist der Pfad der Naqschebendiyyeh der kürzeste und verbindet einen auf alle Fälle [mit Allah dem Erhabenen]. Schah en-Naqschebend﷫ sagte, dass unser Weg der kürzeste aller Wege ist. Und er sagte:

‚Ich bat Allah den Erhabenen darum, mir denjenigen Pfad zu zeigen, der einen auf alle Fälle mit Ihm verbindet.‘ Und seine Bitte wurde erhört! Dies überliefert uns Khodscha Ehrar ﷫ in seinem Buch ‚Reschahat‘. Und warum sollte denn dieser Pfad auch nicht der kürzeste sein und [mit Allah dem Erhabenen] verbinden, wo doch dieser Pfad dort beginnt wo die anderen Pfade enden?

*Schande über denjenigen, der diesen Pfad betreten hat
und dann nicht in der Lage dazu ist, auf ihm voranzuschrei-
ten, sondern zurückbleibt, ohne seine Chance ergriffen zu
haben!"*[9]

Bevor der Pfad der *Naqschebendiyyeh* ihren endgültigen
Namen erhielt, trug sie bereits verschiedene andere Bezeichnungen. Der Grund dafür ist, dass dieser Pfad in seiner
Entstehungsgeschichte jeweils nach demjenigen *Murschid*
benannt wurde, der ihn zuletzt geführt hatte. So erhielt
er nach dem Ableben des besten Freundes des Gesandten
Allahs, des ehrenwerten Ebu Bekr Es-Siddiq, die Be-
zeichnung *Siddiqiyyeh*. Diese Benennung behielt dieser
Pfad bei, bis sein Führer Ebu Yezid el-Bistami verstarb.
Von da an bezeichnete man ihn als *Tayfuriyyeh*, denn der
eigentliche Name Ebu Yezid el-Bistamis war Tayfur.

Dieser Pfad hieß dann wiederum solange *Tayfuriyyeh*, bis der ehrwürdige Khodscha Abdulkhaliq el-
Ghudschduwani verstarb. Von da an bezeichnet man ihn
als *Khadscheganiyyeh* und nach dem Ableben von Schah
en-Naqschebend erhielt er seine endgültige Bezeich-
nung *Naqschebendiyyeh*. Unter diesem Namen wurde dieser Pfad in der gesamten islamischen Welt bekannt.

Nach dem Ableben des ehrenwerten Mewlana Khalid
el-Baghdadi wurde der Pfad der *Naqschebendiyyeh* auch
Naqschebendiyyeh-Khalidiyyeh genannt. Heute ist der Pfad

---

9   Imam er-Rabbani: Mektubat, 221. Brief; Mewlana Huseyn Bir Safi: Reschahat,
     Seite 191.

der *Naqschebendiyyeh* besonders durch seinen Zweig der *Khalidiyyeh* weit verbreitet, und so wird der Gründungsvater Schah en-Naqschebend ﷺ auch weiterhin nicht in Vergessenheit geraten.

Der Begriff *Naqschebend* ist eine Wortzusammensetzung aus den Begriffen „Naqsch" und „Bend". Dabei stammt der Begriff *Naqsch* aus dem Arabischen und bedeutet „einsticken oder eingravieren". Damit wird beispielsweise der Vorgang des Einstickens eines Musters auf einen Stoff bezeichnet. Der Vorgang des *Naqsch* ist unwiderruflich; er kann nicht rückgängig gemacht werden.

Der Begriff *Bend* stammt aus dem Persischen und bedeutet als Verb „verschnüren, fesseln, verbinden" und als Hauptwort „Gürtel und Staudamm".

Es heißt, dass Schah en-Naqschebend ﷺ den Namen Allahs durch häufigen *Dhikr* (Gottgedenken) unwiderruflich in sein Herz eingraviert hat und sein Herz auf immer mit dem Namen Allahs verbunden bleibt. Dies ist der Grund, warum er den Ehrennamen „Naqschebend" erhielt und warum dieser Pfad zum Pfad der *Naqschebendiyyeh* wurde.

Scheykh Abdurrahman et-Tahi ﷺ sagte zu den Vorzügen der *Naqschebendiyyeh* Folgendes:

„Dieser erhabene Pfad (der Naqschebendiyyeh) hielt sich strikt an die göttlichen Gebote, indem er sich von unerlaub-

ten Neuerungen in der Religion abwendete, sich von Dingen fernhielt, die in der Religion (nur) geduldet sind, und
konsequent an der unverfälschten Sunneh des Gesandten
Allahsﷺ festhielt."[10]

Die Hauptmerkmale des Pfades der Naqschebendiyyeh

Die *Naqschebendiyyeh* ist ein sufisches Erziehungssystem, das sich auf zwei Pfeiler stützt:

* Das stille *Dhikr* (Gottgedenken) und
* die *Mahabbehtullah* (Gottesliebe).

Beim stillen Gottgedenken wird Allahs des Erhabenen
ausschließlich mit dem Herzen gedacht und nicht mit der
Zunge. Das heißt dass der Gottgedenkende den Namen
„Allah" nicht laut ausspricht, sondern dass er beim Gottgedenken seine Zunge an den Gaumen drückt und Allahs
nur mit dem Herzen gedenkt. Diese Methode schützt den
Gottgedenkenden davor, sein Gottgedenken vor anderen
zur Schau zu stellen.

Das Feuer der *Mahabbehtullah* entflammt im Herzen des
Sufis, sobald dieser Allah den Erhabenen als seinen Herrn
anerkannt hat, sich Ihm ergibt und aufrichtig zuwendet und
sich in seinem Herzen leidenschaftliche Liebe für Allah
den Erhabenen eingestellt hat.

10   Abdurrahman-i Tahi: Seyh Abdurrahman-i Tahi´nin Mektuplan, 3. Brief.

Zu den Übungen der spirituellen Erziehung der *Naqschebendiyyeh* zählen neben dem stillen *Dhikr* noch *Khatmeh* (das gemeinschaftliche Gottgedenken), *Suhbeh* und *Rabitah* (das physische und das mentale Beisammensein mit dem *Murschid*), *Khidmeh* (der Dienst an der Menschheit und an der gesamten Schöpfung) und die Beachtung des *Edeb* (spezielle Verhaltensregeln) dieses Pfades. Ziel all dieser Übungen ist es, das *Nefs* (Triebseele) des Gläubigen von schlechten Eigenschaften zu reinigen und den Glauben in seinem Herzen zu festigen.

Auf diese Weise bietet die *Naqschebendiyyeh* dem Gläubigen einen Lebensentwurf an, der all seine diesseitigen und jenseitigen Bedürfnisse abdeckt. In ihm sind sowohl die *Ibadeh*, die mit dem Körper ausgeführt werden – wie das Gebet, das Fasten, das Entrichten der Armensteuer, die Körperhygiene, die Nahrungsaufnahme, das rechte Handeln und die gute Behandlung der Familie – als auch die *Ibadeh*, die mit dem Herzen ausgeführt werden, enthalten.

Khodscha Ubeydullah Ehrar ﷽ beschrieb die Vorzüge des Beschreitens dieses Pfades mit folgenden Worten:

„*Wer diesen Pfad beschreitet, erlangt in kürzester Zeit eine solche (hohe) spirituelle Stufe, dass jeder Laut, den er wahrnimmt, in seinen Ohren wie Dhikr (Gottgedenken) klingt.*"

Das Dhikr des Herzens

Das stille *Dhikr* zählt – wie alle spirituellen Übungen, die zur Heilung der geistigen Erkrankungen des *Nefs* des Menschen führen – zu der *Ibadeh* (gottesdienstliche Handlungen) des Herzens. Wenn der Sufi die *Ibaden* des Herzens ausführt, dann stellen sich bei ihm *Mahabbehtullah*, *Ma'rifetullah*. Eingebungen, Weisheit, Leidenschaft, Anstand und guter Charakter ein. Dient der Sufi sowohl mit seinem Äußeren als auch mit seinem Inneren hingebungsvoll seinem Herrn, dann erreicht er dadurch die spirituelle Rangstufe des *Ihsan*. Dann dient er seinem Herrn, als ob er Ihn sehen könnte, und ist zum Kern der spirituellen Erziehung des Islam und des *Tasawwuf* vorgedrungen.

Imam er-Rabbani بسم beschreibt, welch hohen spirituellen Rangstufen demjenigen, der den Pfad der *Naqschebendiyyeh* beschreitet, offenstehen:

„Dieser Pfad (der Naqschebendiyyeh) ist der Pfad der Weggefährten صلى des Gesandten Allahs صلى selbst. Denn diese großen Persönlichkeiten haben schon am ersten Tag ihres Beisammenseins mit dem Gesandten Allahs صلى mehr Dinge erhalten als ein Weli, der ihnen (zeitlich) nachfolgte [und den Gesandten Allahs nicht mehr persönlich kennenlernen durfte] in seinem ganzen Leben erlangen konnte.

Aus diesem Grund ist der Wahschi صلى, der Hamza صلى (den Onkel des Gesandten Allahs صلى) tötete, besser als

Uweys el-Qarani, der der beste der Tabi'in ist [also der Beste jener, die zwar einen oder mehrere der Weggefährten❋ erblickten, aber nicht mehr den Gesandten❋ selbst]. Dies, weil dieser (der Wahschi❋) – nachdem er sich zum Islam bekannt hatte – durch das einmalige Beisammensein mit dem Gesandten Allahs❋ geadelt wurde. Was dem Wahschi❋ bei seinem ersten Zusammentreffen mit dem Besten der Menschen❋ gegeben wurde, konnte Uweys el-Qarani nicht erreichen, weil er diese Möglichkeit [des Zusammentreffens mit dem Gesandten❋] verpasste. [...]

So wie das Zeitalter der Weggefährten❋ des Gesandten❋ alle anderen Zeitalter übertrifft, genauso übertrifft der Pfad unserer Großen alle anderen Pfade. Die Großen dieses Pfades sind begnadete Persönlichkeiten, denen Allah der Erhabene durch Seine Gnade und Barmherzigkeit das Erreichen des Ziels schon zu Beginn ihres Pfades ermöglichte. Für Außenstehende ist ihr besonderer Stellenwert nur schwer nachvollziehbar. Die spirituellen Ränge, die sie einnehmen, sind viel höher als die Ränge anderer [Ewliya]. [...] Der ehrwürdige Schah en-Naqschebend❋ sagte: „Wir sind diejenigen, denen Allah der Erhabene Seine Gunst und Seine Wohltaten schenkte."[11]

---

11   Imam er-Rabbani: Mektubat, Band 1/66. Brief

Die elf Prinzipien der Naqschebendiyyeh

Acht der elf Grundprinzipien dieses Pfades wurden von Abdulkhaliq el-Ghudschduwani﷽ entworfen. Deren Befolgung sollte es den Beschreitern dieses Pfades ermöglichen, noch schneller also zuvor den Stand eines *Weli* (Gottesfreund) zu erlangen.

Der ehrenwerte Schah en-Naqschebend﷽ formulierte diese acht Prinzipien neu und ergänzte sie um drei weitere. Damit waren die elf Prinzipien der *Naqschebendiyyeh* komplett.

Im Folgenden wollen wir die elf Prinzipien der *Naqschebendiyyeh* kurz vorstellen:

1. Wuqufu Zamani: Die Konzentration auf den Augenblick

Wuqufu Zamani bedeutet, dass der Sufi jeden Moment seines Lebens bewusst verbringt. Er ist jederzeit wachsam, beobachtet jeden Moment seines Lebens genau und geht mit seiner kostbaren Zeit äußerst sorgfältig und pflichtbewusst um. Er beschäftigt sich ausschließlich mit Aufgaben, die für ihn notwendig sind und führt diese hingebungsvoll und mit Leib und Seele aus.

2. Wuqufu Adedi: Die Beharrlichkeit bei der Ausführung der täglichen Andachtsübung

Wuquful Adedi bedeutet, dass man die Anzahl seines täglichen *Dhikr* (Gottgedenkens) gewissenhaft ausführt. Die Einhaltung dieser Anzahl ist äußerst wichtig, denn sie wurde dem Sufi von seinem *Murschid* als Medizin gegen seine geistigen Krankheiten verschrieben. Hierbei darf man sich nicht von den Störversuchen seines *Nefs* verunsichern lassen, sondern muss die vorgeschriebene Anzahl des täglichen *Dhikr* genau einhalten. Dies verhilft dem Herzen zu innerer Ruhe. Diese innere Ruhe braucht man wiederum, um sein *Dhikr* in bester Weise ausführen zu können.

3. Wuquful Qalbi: Die Standhaftigkeit des Herzens

Wuquful Qalbi bedeutet, dass der Sufi die innere Ruhe seines Herzens jederzeit, sowohl während des *Dhikr* als auch zu allen anderen Zeiten, aufrechterhält. Aus diesem Grund gibt es im *Tasawwuf* einige Methoden, die die *Mahabbehtullah* im Herzen des Sufis erblühen lassen. Schafft es der Sufi, den Zustand des *Wuquful Qalbi* dauerhaft in seinem Herzen zu verankern, dann findet darin die *Mahabbehtullah* ihren festen Platz. Um den Sufi bei diesem Anliegen zu unterstützen, gibt es die Übung der *Murschid Rabitah* und die Übung des *Khatmeh* (gemeinschaftliches Gottgedenken).

4. Nadhar Ber Qadem: Das Senken des Blicks

Nadhar Ber Qadem bedeutet wörtlich, den Blick beim Gehen auf die eigenen Füße gerichtet zu halten. Im übertragenen Sinne bedeutet dies, dass sich der Sufi nur um seine eigenen Angelegenheiten kümmern und sich von allen Dingen fernhalten soll, die ihn nichts angehen. *Nadhar Ber Qadem* bedeutet ebenfalls, dass der Sufi jederzeit seine Blicke kontrolliert. Tut er dies nicht, dann lässt er sich von dem Blendwerk der äußeren Welt ablenken und verliert so den inneren Frieden seines Herzens. Er konzentriert sich nur auf das eine Ziel und lässt es nicht zu, dass sein Herz abschweift. Er ist immer mit Leib und Seele bei der Sache. Seine Aufmerksamkeit gilt nur Allah dem Erhabenen. Der ehrwürdige Imam er-Rabbani ﷺ sagte, dass man *Nadhar Ber Qadem* nicht so verstehen darf, als ob man seinen Blick nicht von seinen Füßen trennen dürfe, sondern dass das Auge kontinuierlich nach vorne gerichtet sein und der Schritt dem Auge folgen soll. Denn Hindernisse erfasst man zuallererst mit dem Auge, erst dann setzt man seinen Schritt. Darüber hinaus sollte sich der Mensch immer hohe Ziele stecken, seinen Blick immer auf diese gerichtet halten und seine Bemühungen voll und ganz auf diese Ziele ausrichten.[12]

5. Husch Der Dem: Atmen mit Bewusstsein

Husch Der Dem bedeutet, dass man jeden seiner Atemzüge, jedes einzelne Ein- und Ausatmen, bewusst und aufmerksam vollzieht. Der ehrwürdige Schah en-Naqschebend ﷺ sagte dazu:

„Die Methode unserer spirituellen Erziehung baut darauf auf, dass jeder Augenblick und jeder Atemzug in vollkom-

12   Imam er-Rabbani: Mektubat, 395. Brief.

*mener Aufmerksamkeit verbracht werden. Der aufmerksa-
me Sufi verbringt sogar die Zeit zwischen zwei Atemzügen
im Dhikr."*

6. Sefer Der Watan: Die spirituelle Heimreise

Sefer Der Watan bedeutet, dass man sich von allen Geschöpfen abwendet und sich einzig und allein dem Schöp-
fer aller Dinge zuwendet. Während des *Sefer Der Watan*
befindet man sich die ganze Zeit über im Zustand der spirituellen Fortentwicklung. Die schlechten Charakterzüge
fallen von einem ab und werden durch gute ersetzt. Man
unterlässt religiös Verbotenes aus innerer Überzeugung
und nicht aus Angst vor Bestrafung. Das religiös Erlaubte
nimmt man hingegen dankbar und freudig an und setzt es
in die Tat um.

Diesen Zustand erreicht man durch die Reinigung des
Herzens. Dabei ist die Suche nach einem vollendeten *Murschid* die erste Etappe auf der Reise der Reinigung des
Herzens. Nachdem der Mensch einen *Murschid* gefunden
hat, begibt er sich in dessen spirituelle Ausbildung. Hierbei verwandeln sich die schlechten Charaktereigenschaften
des Sufis nach und nach in gute. Auf diese Weise schafft er
den Schritt von der Selbstherrlichkeit zur Selbstkritik, von
der Unaufrichtigkeit zur Aufrichtigkeit, von der Gottabge-
wandtheit zur Gottzugewandtheit, von der Ungerechtigkeit
zur Gerechtigkeit und vom Ungehorsam gegenüber Allah
dem Erhabenen zum Gehorsam gegenüber Ihm. Diesen

Vorgang bezeichnet man auch als *Hidschreh* (geistige Auswanderung).

7. Khalwet Der Endschumen: Die Zurückgezogenheit in der Gemeinschaft

Khalwet Der Endschumen bedeutet, dass man sich der Allgegenwart Allahs des Erhabenen auch dann bewusst ist, wenn man sich unter seinen Mitmenschen aufhält. Äußerlich ist man mit den Menschen beschäftigt, in seinem Inneren ist man aber ununterbrochen mit Allah dem Erhabenen beisammen. Die Großen dieses Pfades sagen:

„An ein und demselben Ort ist kein Platz für zwei Arten des Dhikr. Wer sich ununterbrochen weltlichen Dingen zuwendet und diese begehrt, dessen Herz kann Allahs des Erhabenen nicht wirklich gedenken. Wer sich im Dhikr (Gottgedenken) vertieft, dessen Herz kann gar nicht mit weltlichen Dingen beschäftigt sein.

Der Gesandte ﷺ gedachte ununterbrochen Allahs des Erhabenen. Alle alltäglichen Angelegenheiten der Gesandten und Ewliya gelten als Dhikr. Denn sie richten ihren Alltag und ihr gesamtes Handeln an Allah dem Erhabenen und Seinen Gesetzen aus. Ziel des Dhikrs ist es, dass das Innerste des Menschen in Allah zur Ruhe kommt.“

Und Schah en-Naqschebend قدس سره sagte dazu:

„Das Zusammensein mit den Menschen ist der Grundstein unseres Pfades. Sich in die Einsamkeit zu begeben, ist ruhmvoll. Ruhm aber ist ein großes Unheil. Das Gute findet sich hingegen darin, Dienst am Menschen in der Gemeinschaft zu leisten."[13]

8. Yadkerd: Das Sicherinnern

Yadkerd bedeutet, dass man sich ganz dem Gedenken der Einheitsformel „La ilahe illAllah" widmet, nachdem man sich dessen bewusst geworden ist, dass man sich jederzeit unter der Beobachtung Allahs des Erhabenen befindet. Dadurch erschließt sich dem Sufi die innere Wirklichkeit der Einheitslehre, und dadurch befindet er sich ununterbrochen im Zustand des *Dhikr*, bei dem das *Dhikr* der Zunge mit dem *Dhikr* des Herzens vereinigt wird.

9. Bazgescht: Die Rückkehr

Beim *Bazgescht* konzentriert sich der Sufi mit jeder Faser seines Körpers auf den tiefen Sinn der Aussage „Ilahi ente maqsudi we ridake matlubi" („O mein Gott, Du bist mein einziges Ziel und Dein Wohlgefallen ist mein einziges Bestreben"). Diese Formel spricht der Sufi beim „La ilahe illAllah-Dhikr" aus. Diese Form des *Dhikrs* nennt man auch *Nefi we Ithbat-Dhikr* („Das *Dhikr* der Verneinung und Bestätigung"). Er spricht diese Formel aus, wenn er die Luft während des *Dhikrs* ausatmet. Das *Nefi we Ithbat-Dhikr* ist eine spezielle Übung, bei der sich der Sufi mit

13 Necmeddin-i Kubra: Hayyati Tasawwufi, Seite 58.

Leib und Seele auf die Bedeutung von „La ilahe illAllah"
(„Es gibt keine Gottheit außer Allah") konzentriert. Dabei
sucht der Sufi bei Allah dem Erhabenen seine Zuflucht und
bittet Ihn um Vergebung, weil er nicht dazu in der Lage ist,
das *Dhikr* (Gottgedenken) ohne Mängel auszuführen. Dies
erinnert ihn beständig an die Armseligkeit und Mangelhaftigkeit seines *Nefs*.

10. Nigahdascht: Die Wachsamkeit

Nigahdascht bedeutet „beibehalten". Während des *Dhikr*
behält der Sufi jederzeit die Kontrolle über sein Herz und
beschützt es so vor den Begierden und Wünschen seines
Nefs. Er ist fortwährend auf Allah den Erhabenen konzentriert und versucht alle anderen Gedanken und Gefühle
komplett auszublenden.

11. Yaddascht: Das beständige Gedenken

Yaddascht bezieht sich auf das immerwährende *Dhikr*.
Unabhängig von Zeit und Raum gedenkt das Herz des Sufis Allahs des Erhabenen. Das Herz des Sufis sollte dabei
immerdar hellwach sein.

Ghawth eth-Thani ﷺ sagte dazu:

*„Hört niemals mit dem Dhikr (Gedenken) an Allah den
Erhabenen auf und seid dabei jederzeit wachsam. Ihr müsst
das Dhikr fest in eurem Herzen verwurzeln. Denn wenn das
Dhikr erst einmal fest in eurem Herzen verwurzelt ist, dann*

wird es ganz von alleine Allahs des Erhabenen gedenken. Mit eurem Herzen verhält es sich nämlich genauso wie mit eurem Magen: Egal ob ihr schlaft oder wach seid, ob ihr es wollt oder nicht, der Magen geht immer seiner Aufgabe nach.

Ein Herz, in dem das Dhikr fest verwurzelt ist, verhält sich genau so."

Der Beginn der geistigen Erziehung der Naqschebendiyyeh

Das Herz ist sowohl die Schaltzentrale der äußeren als auch der inneren Dimension des menschlichen Organismus. Die Lehre des *Tasawwuf* befasst sich mit dem Allerinnersten des Herzens. Von dort aus werden die Gefühle und Wünsche des Menschen gesteuert. Das Herz ist die Entscheidungszentrale des menschlichen Handelns, denn jeder Handlung geht eine Absicht voraus und jede Absicht hat ihren Ursprung im Herzen.

Ist die Absicht einer Person gut, so ist auch ihr Ende (der Tod) gut! Der Gesandte Allahsﷺ sagte:

„Wahrlich, alle Taten gehen mit ihrer Absicht einher. Und wahrlich bekommt jede Person, was sie beabsichtigt. Wessen Auswanderung also für Allah und Seinen Gesandten ist, dessen Auswanderung ist für Allah und Seinen Gesandten. Und wessen Auswanderung des Erwerbs irdischer Dinge

oder der Heirat mit einer Frau wegen ist, dessen Auswanderung ist für das, wofür er ausgewandert ist."[14]

Der Anlass, der dieser prophetischen Überlieferung zugrunde liegt, ist für uns sehr lehrreich. Die Geschichte trug sich nämlich folgendermaßen zu: In Mekka lebte ein Mann, der sich für eine Frau namens Ummu Qays interessierte und diese heiraten wollte. Diese wollte einer Heirat mit ihm aber nur unter der Bedingung zustimmen, dass dieser Mann mit ihr nach Medina auswandere. So trat dieser Mann die Auswanderung nicht wegen ihrer Vortrefflichkeit und des damit verbundenen Gotteslohnes an, sondern einzig und allein mit der Absicht, die Frau seiner Begierde heiraten zu können. Dem äußeren Anschein nach gab es keinen Unterschied zwischen der Auswanderung dieses Mannes und der Auswanderung der anderen Muslime: Er verließ seine Heimat genauso wie die anderen Muslime auch. Die anderen Muslime wanderten jedoch einzig und allein für Allah den Erhabenen und Seinen Gesandtenﷺ aus, er aber wegen der Liebe zu einer Frau.

Als der Gesandte Allahsﷺ auf diesen Umstand angesprochen wurde, tat er den oben aufgeführten Ausspruch. Die Freunde des Mannes nannten diesen fortan nur noch: „Auswanderer für Ummu Qays", weil dieser wegen ihr nach Medina ausgewandert war.[15]

---

14   Bukhari: Iman, 41; Ebu Dawud: Talaq, 11; Tirmidhi: Dschihad, 16; Nesa'i: Tahareh, 59; Bin Madscheh: Zuhd, 26.
15   Vgl. Bin Hadscher: Fethul Bari, Band 1, S. 10.

Bevor man zum *Murid* (Schüler) eines *Murschids* werden und in den Genuss von dessen geistiger Erziehung kommen kann, muss man als erstes die aufrichtige Absicht dazu fassen, diesen Schritt einzig und allein für das Wohlgefallen Allahs des Erhabenen zu vollziehen.

Denn einzig die Absicht des Menschen bestimmt den Wert seiner Handlungen. Wer also mit seinen Handlungen nicht das Wohlgefallen Allahs des Erhabenen anstrebt, der wird auch keinen Nutzen aus diesen ziehen können und auch keinen göttlichen Lohn erhalten.

Ghawth eth-Thani صلى الله عليه وسلم sagte dazu:

„Trefft eure Absicht einzig für Allah den Erhabenen! Dann werden euch eure Taten gelingen und schöne Früchte hervorbringen. Wenn Allah der Erhabene die schöne Absicht Seines Dieners erkannt hat, so reicht das für diesen vollkommen aus."

Dschuneyd el-Baghdadi صلى الله عليه وسلم sagte:

„Wenn sich jemand der spirituellen Erziehung hingibt und

den göttlichen Weg beschreitet, gibt es Aspekte, die ihn zurückwerfen, ihn am Vorankommen hindern oder ihm den Weg versperren. Ursprung all dessen sind der fehlerhafte Ausgangszustand und die falsche Absicht."

Der ehrwürdige Ghawth eth-Thani ‌ﷺ sagte zum hohen Nutzen der rechten Absicht Folgendes:

„*Wer morgens aufsteht, seine rituelle Gebetswaschung vollzieht, sich dann auf den Weg zur Arbeit macht und dabei folgende Worte spricht: ‚O Herr, Du bist Der absolute Versorger und gewährst allen Geschöpfen ihren Lebensunterhalt. Du bescherst uns unseren Lebensunterhalt, ob wir nun arbeiten oder nicht arbeiten. Du hast uns aber befohlen, uns unseren Lebensunterhalt durch Arbeit zu verdienen. So folgen wir Deinem Befehl und machen uns auf den Weg, um unserem Erwerb nachzugehen und unseren Lebensunterhalt zu verdienen‘ und mit dieser Absicht mit der Arbeit beginnt, erlangt den gleichen göttlichen Lohn wie eine Person, die den ganzen Tag im freiwilligen Gebet ihr Haupt nicht ein einziges Mal aus der Gebetsniederwerfung erhebt. Diese Absicht zu fassen, ist den Menschen ein Leichtes. Die rechte Absicht allein reicht dafür aus, diesen göttlichen Lohn zu erlangen.*"

Die spirituelle Erziehung auf dem Pfad der Naqschebendiyyeh

Ganz zu Beginn der spirituellen Behandlung des Sufis steht dessen Absicht, einen *Murschidul Kamil* für das Wohlgefallen Allahs des Erhabenen aufsuchen zu wollen. Nachdem er diese Absicht gefasst hat, sucht er diesen auf und begibt sich in dessen spirituelle Behandlung. Der *Murschidul Kamil* nimmt hierbei die Rolle des Arztes und der Sufi die Rolle des Patienten ein. Dabei verabreicht der *Murschidul Kamil* seinem Patienten keine Medikamente im gewöhnlichen Sinne, sondern er behandelt ihn auf der feinstofflichen Ebene. Die Ergebnisse dieser geistigen Erziehung kann der Sufi normalerweise nicht auf Anhieb wahrnehmen. Wenn er sich aber an die Anweisungen seines geistigen Therapeuten hält, dann werden sich bei ihm im Laufe der Zeit die Früchte dieser Erziehung einstellen und er wird sich von Grund auf verändern. Da dies aber ein schleichender Prozess ist, wird ihm der Erfolg seiner geistigen Behandlung erst allmählich bewusst. Er merkt gar nicht, dass er sich beständig in geistlicher Behandlung befindet, besonders wenn er regelmäßig am *Khatmeh* (gemeinschaftliches Gottgedenken) teilnimmt, seine tägliche Lektion im *Dhikr* (individuelles Gottgedenken) ausführt und seinen *Murschid* besucht.

Erst nachdem er wieder von den Besuchen bei seinem *Murschid* heimgekehrt ist, nimmt der Sufi allmählich die Veränderungen an seinem Wesen und seinem Charakter wahr: Er wird ruhiger und ausgeglichener und seine schlechten Charaktereigenschaften verblassen und wandeln sich nach und nach in ihr Gegenteil. Erst jetzt werden ihm die Veränderungen an seiner Person selber bewusst.

Er bemerkt, dass sich seine Gedanken, die früher wirr und negativ waren, ordnen und zum Positiven wenden. Wenn er gute Taten vollbringt, löst dies in ihm positive Gefühle aus. Seine Gedanken kommen ins Gleichgewicht: Sie drehen sich nicht mehr ununterbrochen um irdische Dinge, sondern beschäftigen sich mehr und mehr mit dem Jenseits.

Dabei wendet er sich aber nicht vollständig vom Diesseits ab; die irdischen Gedanken finden nur keinen Zugang mehr zu seinem Herzen, denn deren bisherigen angestammten Platz in seinem Herzen haben nun die jenseitigen Gedanken eingenommen. Der geistige Therapeut fährt dabei mit seiner Heilbehandlung fort, ohne dass der Sufi davon Kenntnis hat und ohne dass er davon irgendeinen Schaden davonträgt.

Der Sufi sollte von seinem *Murschid* so viel wie möglich zu profitieren versuchen. Dafür muss er dem *Murschid* alle Informationen zur Verfügung stellen, die dieser dazu braucht, um die richtige Diagnose erstellen zu können. Er sollte vor ihm keine Geheimnisse zu verbergen versuchen. Nur auf diese Weise ist es dem *Murschid* möglich, das Innere des Sufis eingehend untersuchen zu können. Nur Allah der Erhabene kennt das Verborgene im Herzen der Menschen. Der *Murschid* kann uns erst dann eine geeignete Lösung für unsere Probleme anbieten, wenn wir ihm unseren Kummer und unser Leid anvertrauen.

Unser Heilungsprozess wird sich hingegen erheblich in die Länge ziehen, wenn wir dem *Murschid* auf folgende Weise begegnen: *„Sie sind doch ein spiritueller Heiler. Da müssen Sie doch unseren Kummer und unser Leid erkennen, ohne dass wir Sie darüber extra zu unterrichten brauchen!"*

Auch wenn der *Murschid* gewisse Information über unser Inneres besitzt, wird er uns dies dennoch nicht mitteilen.

Nachdem wir uns lange genug dem *Murschid* widersetzt haben, würden wir uns wohl letztendlich der Tatsache bewusst werden, dass uns der *Murschid* erst dann helfen kann, wenn wir ihm aktiv dabei helfen, uns zu helfen. Wir hätten dann aber eine Menge unserer kostbaren Zeit vergeudet und liefen dadurch vielleicht sogar Gefahr, wegen dieser versäumten Zeit unsere spirituelle Erziehung nicht mehr zu Ende bringen zu können.

Am besten ist es, wenn wir dem *Murschid* so schnell wie möglich unser Vertrauen schenken und ihm schleunigst unseren Kummer und unser Leid anvertrauen, damit er uns so bald wie möglich davon befreien kann.

Lasst uns also so bald wie möglich dafür sorgen, dass der *Murschid* über unsere Gemütslage Bescheid weiß!

Wenn wir hier von Kummer und Leid sprechen, die es zu klagen gilt, dann meinen wir damit aber nicht den Kummer und das Leid, die mit weltlichen Dingen, mit Geld, Ruhm und Macht, zusammenhängen. Wir meinen damit die Dinge, die uns daran hindern, die ewige Glückseligkeit, also das jenseitige Leben zu erreichen. Dafür müssen wir uns Allah dem Erhabenen, Seinem Gesandtenﷺ und Seiner Religion hingeben.

Wer sich für Allah den Erhabenen entscheidet, dem kann geholfen werden; dann steht der geistigen Unterstützung durch den *Murschid* nichts mehr im Wege. Auf der Ebene der spirituellen Erziehung führt dieser Pfad direkt ins Paradies. Auf dieser Ebene ist dieser Weg kein gewöhnlicher Weg, sondern eine Abkürzung, die auf kürzestem Wege zu Allah dem Erhabenen führt.

Dazu sagte Imam er-Rabbani رحمه الله Folgendes:

„Die Großen des Pfades der Naqschebendiyyeh قدس الله wählten diesen Pfad [...]. Für sie ist dieser Pfad der wohlbekannte, gangbare Pfad. Sie führen die Bewohner dieser Welt auf diesem Weg zum Ziel, indem sie diese [mit Allah dem Erhabenen] verbinden, sie [Allah dem Erhabenen] zuwenden und sie in ihre Obhut nehmen. Wenn man diesen Pfad beschreitet, dann muss man auf ihm die Verhaltensregeln einhalten, die einem der Scheykh aufgibt. (Werden diese eingehalten,) dann sind nicht nur der alte Mann und der junge Bursche, die Frauen und die Kinder ebenbürtig auf diesem Pfad, sondern selbst die Verstorbenen erhoffen sich noch die Gunsterweisung [der Hilfe durch ihren Scheykh]!" [16]

---

16   Imam er-Rabbani: Mektubat, 200. Brief.

Das Beschreiten des Pfades der Naqschebendiyyeh bringt nur Vorteile mit sich

Einer der Großen dieses Pfades, Scheykh Abdurrahman et-Tahi رحمة beschrieb die Vorteile, die der Sufi aus dem Beschreiten des Pfades der Naqschebendiyyeh zieht, folgendermaßen:

„Dieser Pfad ist der Pfad der Weggefährten﷽ des Gesandten Allahs﷽. Der Abid (Gottesdiener), der diesen Pfad beschreitet, kommt seinem Herrn näher und entfernt sich von Dessen Zorn. Er wird bei seinem Tode weniger Leid verspüren, der Aufenthalt im Grabe wird ihm leichter fallen und er wird die Fragen der Grabengel [Munker und Nekir] mühelos beantworten können. Dieser Pfad leert das Herz von allen weltlichen Anhaftungen und füllt es mit der Liebe zu Allah dem Erhabenen und zu Seinem Gesandten﷽. Auf diese Weise wird selbst die Liebe zu Besitz und Kindern zu einer Art des Ibadeh (Gottesdienst).

Durch das Zusammenkommen mit den Großen dieses Pfades findet der Glaube in einer sicheren Zone Unterschlupf. Denn diese haben die Gottesfreundschaft erlangt und die Freundschaft mit ihnen zieht die Freundschaft Allahs des Erhabenen nach sich.

Der geringste Nutzen, den man auf diesem Pfad erhält, ist, dass man sich in seinem Grabe bis zum Jüngsten Tag am Erscheinungsbild seines Murschids erfreuen darf. Denn in den Büchern heißt es, dass die Freunde, die einem im Grabe als Gefährten zugeteilt werden, denjenigen Taten ähneln, die einem zu Lebzeiten am liebsten waren. Die weltlichen Dinge, die man zu Lebzeiten liebgewonnen hat, begleiten einen also bis ins Grab und verwandeln sich dort in einen Gesellen. So haben Menschen, die die Welt zu sehr geliebt haben, beispielsweise folgende Grabgefährten: Eine Kuh, die ihnen auf den Kopf uriniert, ein Schaf, das ihr Grab mit seinem Kot verschmutzt, einen Esel, der ihnen durch seine Blähungen die Luft verpestet, ein Pferd, das ihnen auf die Brust stampft oder einen Hund, der immerzu heult und nach ihnen schnappt.

Wer sich diesem Pfad zuwendet, schließt sich dem Weg der Ewliya an, die den spirituellen Rang der direkten Ver-trautheit [mit Allah dem Erhabenen] belegen. Ein einziges Gebet einer dieser Persönlichkeiten hat denselben Wert wie 70 Gebete eines Zahid (weltabgewandten Frommen). Der Pfad dieser Ewliya ist der Pfad der Dschedhbeh (des von Allah Gezogenwerdens). Sie leisten [den Menschen] ge-waltigen Himmeh (spirituellen Beistand). In ihren Augen ist die Welt und alles was sich in ihr befindet nicht mehr als ein Tropfen im Ozean. Wer sich an ihre Vorschriften hält, dessen Leben wird sich im Diesseits und im Jenseits ver-bessern und dessen Hab und Gut wird sich mehren. Und so Allah will werden sie ihre Prüfung am Tag der Aufer-stehung bestehen und es wird ihnen gemeinsam mit den Großen dieses Pfades Einlass ins Paradies gewährt."[17]

---

17   Abdurrahman et-Tahi: Seyh Abdurrahman-i Tahi'nin Mektupları, 49. Brief

Ghawth el-Khizani‎ﷻ überliefert von seinem *Murschid* Seyyid Taha‎ﷺ folgende Aussage.

„Sogar die Vorfahren des Sufis werden von den Früchten dieses Pfades zehren und seine Eltern werden an den vorzüglichen Erträgen des Murschids einen Anteil erhalten, selbst wenn sie weit weg leben sollten.“[18]

Der ehrwürdige Imam er-Rabbani‎ﷻ sagte, dass der Genuss, die spirituellen Erkenntnisse und die ekstatischen Zustände, die dem Sufi bereits zu Beginn dieses Pfades zuteilwerden, den Beschreitern aller anderen Pfade erst an deren Ende zuteilwerden und dass deren Pfade dort enden, wo unser Pfad beginnt.

Nachdem er diesen Umstand näher erläuterte, streicht er die Vorteile dieses Pfades folgendermaßen heraus:

„ Wenn es die Grundlagen dieses Pfades nicht gäbe, dann könnte (der Sufi) sein Handeln nicht so weit steigern, dass er (den göttlichen Pfad) zu Ende gehen könnte. Die Ursprünge des Samens [dieses Pfades], der uns überreicht wurde, liegen in der Erde von Yethrib (Medina) und den weiten Steppen von Bukhara und Semerkand. Er wurde in die Erde Indiens gepflanzt und einige Jahre mit dem Wasser der Vorzüglichkeit gegossen und mit Hingabe großgezogen. Nachdem er in dieser Erde großgezogen worden war und seine Vollkommenheit erreicht hatte, brachte er das (spiri-

---

18   Ghawth el-Khizani: Minah, Seite 36.

*tuelle) Wissen und die (spirituelle) Erkenntnis dieses (Pfa-
des) hervor.*

*„Gelobt sei Allah, Der uns hierher geleitet hat. Wir wären
nicht rechtgeleitet gewesen, wenn uns Allah nicht rechtgeleitet hätte. Wahrlich, die Gesandten unseres Herrn kamen
mit der Wahrheit!"*

(El-Eraf 7/43) 19

An anderer Stelle sagte Imam er-Rabbani ﷺ zu den Vorzügen dieses Pfades Folgendes:

*„Und es ist weitläufig bekannt, dass sich die Silsileh [also
die fortlaufende Kette der Gottesfreunde des Pfades] der
Naqschebendiyyeh, im Gegensatz zu den anderen Silsilehs
der Gottesfreunde, auf Ebu Bekr es-Siddiq ﷺ zurückführen
lässt. So nimmt also diese ungetrübte Verbindung [dieses
Pfades mit dem Gesandten Allahs ﷺ] unter diesen (Silsilehs) den höchsten Rang ein und genügt den höchsten An-
sprüchen; in ihr tritt die Vollkommenheit des (Ebu Bekr)
es-Siddiq am meisten und deutlichsten zutage. So steht
also notwendigerweise die Verbindung [der Großen dieses
Pfades mit dem Gesandten Allahs ﷺ] über der Verbindung
der übrigen Silsilehs (mit diesem ﷺ). Wie könnten dann die
anderen die gleiche Vollkommenheit wie diese erreichen
und wie könnten sie die gleichen vollkommenen Ränge wie
diese besetzen? [...] Und ich vertrete die Ansicht, dass der
Mehdi ﷺ, dessen Kommen zu einem bestimmten Zeitpunkt
versprochen wurde und von dem bekannt ist, dass er den*

---

19   Imam er-Rabbani: Mektubat, 260. Brief.

höchsten Grad der Vollkommenheit aller Ewliya erreichen wird, ebenfalls mit diesem Pfad verbunden sein und dessen Silsileh vervollkommnen und vollenden wird. Denn alle anderen Pfade, die zur Gottesfreundschaft führen, stehen (im Rang) unter diesem hochstehenden Pfad, weil diese anderen Pfade der Gottesfreundschaft nur einen geringen Anteil an der Vollkommenheit der Rangstufe der Propheten erhalten haben, dieser Pfad aber einen reichhaltigen Anteil davon; dies wegen der Verbindung zu (Ebu Bekr) es-Siddiq. " [20]

Alles Lob und aller Dank gebühren Allah dem Erhabenen!

Möge Allah der Erhabene Seinem Gesandten, dessen Familienangehörigen und Weggefährten unendlichen Segen und Frieden schenken!

---

20   Imam er-Rabbani: Mektubat, 251. Brief.

Literaturverzeichnis:

Abdurrahman-i Tahi: „Şeyh Abdurrahman-i Tahi'nin Mektupları". Seytac Yayınları, Ankara, 2000.

Adschluni, Isma'il Bin Muhammed Bin Abdulhadi: „Keschful Khafa'". Mektebetu Ilmil Hadith, Damaskus, 2001.

Bukhari, Muhammed Bin Isma'il: „es-Sahih". Kairo, 2004.

Ebu Dawud, Suleyman Bin Esasch el-Esdi es-Sidschistani: „es-Sunen". Istanbul, 1997.

Hani, Abdulmedschid Bin Muhammed: „el-Hada'iqul Werdiyye". Darul Beyruti, Beirut, 1997.

Heyschemi, Nureddin Ali Bin Ebi Bekr: „Medschma'u Zewa'id". Darul Kitabil Arabi, Beirut, 1982.

Bin Hadscher el-Asqalani, Ahmed Bin Ali: „Fethul Bari". Darul Fikr, Beirut, 1993.

Bin Khaldun, Abdurrahman: „Ilmul Tasawwuf". Metbe'atul Behiye, (gedruckt in) Ägypten (ohne Angabe der Jahreszahl).

Imam er-Rabbani, Ahmed el-Faruqi es-Sirhindi: „Mekubat-ı İmam-ı Rabbani". Yasin Yayınevi, Istanbul, 2009.

Molla Ali el-Qari: Mirqatul Mefatih Scherhu Mischkati Mesabih, Darul Kutubil Ilmiyyeh, Beirut, 2001.

Muhammed Bin Ali Ibnn Adem el-Ityubi el-Wellewi: „Scherhu Suneni Nesa'i". Daru Ali Berum, Mekka, 2007.

Muslim, Ebul Huseyn Bin Hadschad el-Quscheyri: „es-Sahih". Beirut, 2003.

Necmeddin-i Kubra: „Tasavvufi Hayat". Dergah Yayınları, Istanbul, 1980.

Seyyid Sibgatullah Arvasi: „Minah". Semerkand, Istanbul, 2010.

Taberani, Ebul Qasim Suleyman Bin Ahmed Bin Eyyub: „Tefsirul Kebir". Darul Kitabi Sekafi, Jordanien, 2008.

Tirmidhi, Ebu Isa Muhammed Bin Isa: „es-Sunen". Beirut, 1987.